# FÊTE

## DE LA

# RAISON,

Célébrée à Altkirch le 2. Décadi de Frimaire l'an 2. de la République Française, une et indivisible.

UNE décharge générale du canon annonça dès 7 heures du matin la Fête auguste qu'on allait célébrer ; chaque heure fut répétée par un coup de canon, et à midi une seconde décharge de toutes les pièces avertit les Citoyens de se réunir devant la Maison commune, point désigné au rendez-vous général, et où chacun prit place dans l'ordre de marche, comme il suit :

Trompette et Gendarmerie à cheval.

Guillaume Tell, dans le costume du courageux fondateur de la Liberté Helvétique.

Un arbre de Liberté, surmonté d'un bonnet rouge, de trophées et d'emblêmes analogues, porté et entouré d'une masse de Sansculottes, tenants leurs outils tous prêts pour planter l'arbre en terre.

Tróupe de jeunes enfans des deux Sexes se tenant des mains et marchant huit de front.

Deux agricoles conduisaient un cheval drapé, panache noir sur la tête, traînant des titres féodaux et les signes du fanatisme.

Bandes de Fifres et Tambours.

Les Députés en écharpes de toutes les Municipalités du District, invités à cette cérémonie ; ils représentent nos pères nourriciers, au milieu d'eux est traînée par 4 bœufs décorés des trophées de la Liberté et de l'abondance, une charrue conduite par deux cultivateurs dans l'ancien costume du pays.

Groupe de nymphes, les cheveux épars, tenant chacune une couronne de chêne.

Premier détachement de Piquiers.

Orchestre nombreux.

Seize chanteuses sur deux lignes ; pareil nombre de chanteurs dans le même ordre.

Groupe de 13 vestales, voiles traînans et ceintes d'une couronne de Mirthe, marchaient sur trois rangs et formaient une chaîne des guirlandes de fleurs qu'elles avaient en mains ; elles entourent le feu sacré du patriotisme que portait une d'elles placée au centre du groupe , et deux autres des vestales qui l'alimentaient.

Huit lévites marchant sur une double ligne , ils portent des corbeilles de parfums , d'encens et de fleurs , ils les sement à un signal donné.

Un Bramine , qui tient dans ses mains la prière à l'Immortel , avec deux servans à ses côtés.

Quatre hommes en bottes , éperons , casque en tête , et manteau rouge , portant chacun une bannière embrassée et des trophées de la Liberté.

Trois jeunes filles représentant la Liberté , l'Egalité et la Raison , la première ceinte du bonnet rouge , est vêtue aux couleurs Nationales , manteau bleu.

L'égalité dans le costume agricole tient un léger trophée, emblême de différents Etats.

La Raison, toute en blanc, manteau traînant, ornée de Mirthe, portait sur sa tête une couronne de roses.

Assises toutes trois sur des sièges placés en amphithéâtre, sur un char triomphal de forme antique, orné de draperies, guirlandes et rubans tricolors, et traîné par quatre chevaux blancs harnachés avec élégance et panachés aux trois couleurs. Quatre hommes dans le costume d'écuyers, tenaient d'une main chacun une des brides de chevaux et de l'autre la Pique, le bouclier au bras, sur lequel était représenté un faisceau d'armes, entouré d'une couronne de chêne et surmonté du bonnet rouge avec la devise : VIVRE LIBRE, OU MOURIR.

La Liberté occupe le sommet du char, l'Égalité le centre et la Raison le siège de devant ; elle le dirige tenant les rênes tressées de rubans tricolors , et foulait à ses pieds les livrées du fanatisme.

Seize filles remarquables par l'élégance de leur taille , vêtues en nymphes , marchent aux deux côtés du char, tenant les unes le bout d'une guirlande de fleurs qui y est attachée , les autres une simple couronne de chêne.

Différens sectaires suivent immédiatement le char de la Raison ; et par ce premier hommage ils marquent son triomphe.

Deux Commissaires civils envoyés dans ce District , pour diriger la force armée révolutionnaire.

Trois Orateurs.

Au milieu d'un groupe de mères de famille , conduisant chacune deux enfans à la main , quatre Sansculottes portaient sur un brancard orné un carreau , sur lequel posait une Cassette renfermant la déclaration des droits de l'homme et l'acte constitutionnel, les glands du carreau sont portés par quatre mères de famille.

Deuxième détachement de Piquiers.

Les autorités constituées, suivant l'ordre de la hiérarchie.

La société populaire les suit, le Président en bonnet rouge porte le Drapeau tricolor, avec l'emblême représentant l'œil du peuple.

La Jeunesse des deux sexes, les Citoyens mariés et les Vieillards réunis de toutes les communes environnantes suivent et représentent les trois âges.

Les troupes de l'armée révolutionnaire et autres détachemens bordaient la haïe.

Le cortège traversa toute la grande rue, sortit par la porte neuve, fit le tour de la cité et revint en défilant devant l'autel de la Patrie, se former en un grand quarré.

L'autel de la Patrie placé hors la porte

neuve au pied de la Ste. Montagne sur une esplanade spacieuse, cet autel était établi sur une terrasse et estrade adossée à un obélisque d'environ 3o pieds d'élévation, la plate-forme non compris le glacis était de 2o toises en quarré ; la forme de l'autel était un tronçon de colonne ovale bien proportionnée, sur la face principale ont été posés des piédestaux, dez et carreaux, aux urnes, vases et pots à feux ; six Piramides inférieures à distances égales, en accompagnement et accolement de l'obélisque, surmontées de pots à feux continus ; le Retable du devant de l'autel décoré de trois panneaux saillans, portans des inscriptions analogues ; sur les côtés extrêmes au levant un Coq à plumage tricolor, avec la devise : VIGILANT ET COMBATTANT GLORIEUSEMENT, à l'opposé était la figure de l'Egalité, tenant l'arbre de la Liberté avec la devise : TES ENNEMIS SONT LES NOTRES, SANS RAISON POINT DE LIBERTÉ ; le fonds de l'autel était tapissé, garni d'amortissemens et

balustrades emblêmatisés ; l'obélisque triom-
phale sur le champ de la raison portait au-
dessus du siége des trois Génies les tables des
droits de l'homme et de la Constitution ; un
grand trophée pendait à l'obélisque composé
des Drapeaux, bannières, piques, haches,
sabres, épées, lames, boucliers, faisceaux
d'armes, massues, fusils, ancres, rames,
houlettes et chalumeaux, rateaux, fausilles,
fléaux et autres armes et outils de terre, de
mer et relatifs à la simple nature. Le sommet
de l'obélisque portait la couronne civique ;
le tout surmonté du bonnet de la Liberté,
il en descendait deux guirlandes tricolores
marquant les Miliaire et Décade, selon le
Nouveau style.

Le char arrivé en face de l'autel s'arrête,
les trois Génies en descendent, les nymphes
les entourent de leurs Guirlandes, celles qui
tiennent des couronnes se forment sur une
double haïe, ce cortége s'avance vers l'arbre
de la Liberté, porté au milieu du quarré,

alors la chaine que formaient les nymphes s'ouvre, les Génies sortant du cercle, saisissent chacun un des rubans tricolors attachés à l'arbre ; Tell le soulève et les aide à le fixer, alors la masse des Sansculottes achève l'ouvrage.

Les nymphes entourent de nouveau les Génies et l'arbre de la Liberté, et forment un cercle de leurs Guirlandes, ensuite les détachant ainfi que leurs couronnes, elles vont les suspendre à l'arbre.

Les sectaires paraissent, et en présence des Génies ils s'embrassent à l'ombre de l'arbre et se donnent le doux nom de frère. Alors les Génies, suivis de leur cortége marchant sur deux files, et s'avançant vers l'autel, s'ouvrent en dirigeant leur marche vers les extrémités de l'estrade se font face ensuite, les Génies traversent le groupe de vestales, qui forment à leur passage une voûte avec leurs Guirlandes et suivies du Bramine, ils vont se placer sur le siége , au pied de l'obélisque et au-dessus de l'Autel.

Le Bramine se place sur un fauteuil, établi sur un gradin au pied de l'Autel, ses deux servans à ses côtés, de bout et en face au peuple.

Les vestales se placent sur l'estrade, celle qui porte le feu du patriotisme , le dépose aux pieds des Génies, élevée sur un gradin, elle s'appuye sur l'Autel et veille à la conservation du feu ; les autres vestales alimentent les feux placés sur les différentes parties de l'Estrade.

Les Lévites se sont rangés sur les marches qui conduisent à l'estrade face au peuple ; celui qui remplissait les fonctions de Maitre de Cérémonies est resté au bas des marches et face vers l'Autel.

Les quatre écuyers qui tenaient les brides des chevaux se sont placés au pied du glacis.

Ceux portant des bannières embrasées, se tenaient à distances égales., sur les côtés et au pied du glacis.

Les Commissaires civils et les Orateurs avaient des siéges sur les côtés et en avant de l'hôtel.

Le groupe qui entourait l'acte constitutionnel, se partage et se place, partie autour de l'arbre de la Liberté et l'autre reste face à l'Autel à environ vingt pas.

L'orchestre, le chœur de chanteurs et chanteuses sur l'un des côtés de l'Autel, les porteuses de couronnes sur l'autre.

Cet ordre étant établi, les servans du Bramine descendent de l'estrade, vont prendre la cassette qui renferme l'acte constitutionnel, la remettent au Bramine qui la dépose sur l'Autel.

Il récite alors de bout et à haute voix la prière à l'Eternel.

Le Citoyen Müller , Commissaire civil prononce un Discours sur la Déstruction du fanatisme.

Le Citoyen Rauch , Administrateur de ce District , sur la Liberté.

Et le Citoyen Clavé , Commissaire National du Tribunal, sur l'Egalité.

L'orchestre pendant la marche , ainsi que dans l'intervalle d'un Discours à l'autre , a joué les airs chers aux français libres; le Citoyen Couchepin accompagné du chœur des chanteurs et chanteuses , a chanté un hymne à la Raison avec une énergie digne du sujet.

Un Officier de l'armée révolutionnaire renouvelle au nom de ses compagnons d'armes le serment de vivre libre ou de mourir; aussitôt répété par tous les assistans , aux cris redoublés mille fois de *vive la République, une et indivisible , vive la Montagne , mort aux tyrans et Destruction du fanatisme.* Chorus accompagné par la musique guerrière , les Fifres, les Tambours etc. une décharge générale de tous les canons.

Les Génies descendent de l'Autel et de l'estrade , sont suivis d'après l'ordre établi dans la marche , le Bramine replace l'acte constitutionnel sur le carreau, ce cortége s'avance vers un bûcher dressé non loin de l'arbre de la Liberté, la Raison, la Liberté et l'Egalité se servent du feu sacré du patriotisme pour allumer le bûcher , il était surchargé de titres de féodalité , des emblêmes de la Royauté et des signes du fanatisme. Les Génies remontent sur leur char et sont reconduits avec décence et gaïeté à la Maison commune. On danse la carmagnole autour de l'arbre de la Liberté et du bûcher, au son de la Musique et du canon.

Un feu d'artifice et un bal terminent cette fête , où la joie la plus franche et l'union la plus sincère ont régné du commencement à la fin.

Lu et arrêté à la séance de la Société populaire d'Altkirch du 28 Frimaire, l'an second de la République Française, une et indivisible.

Signés L. C. Rey Président.

Heitz,
Couchepin, } *Secrétaires.*

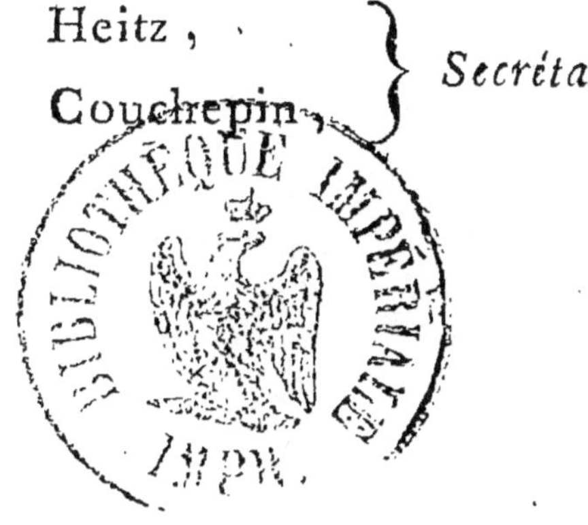